LES FRANÇAIS

A CONSTANTINE.

TABLEAU MILITAIRE EN DEUX ACTES, MÊLÉ DE COUPLETS,

Représenté à Paris, au Spectacle des Funambules, le 5 novembre 1837.

Personnages.	Acteurs.	Personnages.	Acteurs.
HENRI, sous-lieutenant.	MM. ALPHONSE.	BEN-OUSSA, lieutenant du Bey.	MM. MEIGNAN.
ALBERT-CADET, soldat.	ADOLPHE.	KÉBAR, officier du Bey.	PHILIPPE.
ROBERT, vieux sergent.	HACHETTE.	OSMIN, eunuque.	GOSSARD.
VICTOR, jeune tambour.	Mesd. ÉMILIE.	MOUKTAR, arabe.	CHARLES.
ZONZON, vivandière.	CORSA.	SOLDATS FRANÇAIS,	
MARIE, fille de Robert.	REINE.	ARABES et KABYLES.	

ACTE PREMIER.

Une forêt près de Constantine. Au fond, sur le côté, au pied d'une éminence, une porte grillée presque cachée dans les broussailles. Sur le devant, une marmite soutenue par des branchages et suspendue au-dessus de quelques tisons.

SCÈNE PREMIÈRE.

Il fait petit jour. Au lever du rideau, quelques Français, accroupis près du feu, raniment les tisons, et se retirent.

KÉBAR, KABYLES *armés, arrivant avec précaution.*

KÉBAR.

Arrêtons-nous ici : voici le jour, les Français pourraient nous surprendre. J'ai appris cette nuit ce que je voulais savoir. Les différentes attaques que, depuis cinq jours qu'ils sont devant Constantine, les Français ont inutilement livrées à cette ville, leur ont causé de grandes pertes. Cette forêt est remplie de leurs malades et de leurs blessés. Que deux d'entre vous se détachent et aillent à l'instant, par un chemin détourné, apprendre à Ben-Oussa, chargé par le Bey du commandement de la place, qu'une troupe de Kabyles peut facilement se cacher dans ce bois ; et, si les Français tentaient une nouvelle attaque, les surprendre par derrière et en faire un grand carnage. Allez. (*Deux Kabyles se retirent.*) Nous, restons ici, prêts à tout évènement. Cette grille sert d'entrée à un souterrain, qui nous offre un refuge assuré, et nous reconduira dans les murs de la ville. Tout à l'heure, pendant notre ronde nocturne, j'ai cru entendre une voix bien connue, la voix de Marie, de cette charmante fille que j'ai tant aimée avant de quitter les rangs de l'armée française, où j'ai appris le métier de la guerre. Marie !... ce nom réveille tout mon amour. Sans doute elle aura voulu suivre à ce siège son père, le vieux Robert, qu'elle aime si tendrement ; et Henri, ce jeune lieutenant qu'elle me préférait. Si cela était, qu'ils tremblent !... Kébar est là, Kébar, qu'ils ont abreuvé de dégoûts, qu'ils ont repoussé ; Kébar, qui a déserté leurs rangs, et qui a vendu au bey de Constantine son bras, son courage, et la science que les Français lui ont si généreusement donnée. S'il peut ressaisir Marie, elle sera son épouse, et il ne la rendra qu'avec la vie.

SCÈNE II.

Les Mêmes, ALBERT-CADET, *portant un pain de munition et parlant à la cantonade.*

ALBERT-CADET.

Par ici, les autres, par ici !.. Hé !.. (*Apercevant les Kabyles.*) Des Bédouins... Me v'là pincé... (*Il se cache derrière un arbre.*)

KÉBAR.

Un Français... qu'il périsse... mais sans bruit, sans donner l'alarme... (*Les Kabyles se dirigent vers l'arbre.*)

ALBERT-CADET.

Ils m'ont vu, attention... (*Il jette son pain, prend son fusil et se met en garde.*) Vous êtes cinq, mes camarades, mais nous allons voir. N'approchez pas, mille carabines! (*Il tire; un Bédouin tombe.*) Et d'un. (*Kébar le frappe d'un coup de sabre.*) Aie... Je suis touché. (*Blessé à la jambe, il chancelle; les Bédouins se jettent sur lui; Zon-Zon parait.*)

SCÈNE III.

Les Mêmes, ZON-ZON.

ZON-ZON.

Que vois-je ?... (*Elle tire un coup de pistolet sur les Kabyles, qui abandonnent Albert-Cadet, et s'enfuient.*)

SCÈNE IV.

ZON-ZON, ALBERT-CADET.

ALBERT-CADET, *pendant que Zon-Zon le panse.*

Zon-Zon, vous m'avez sauvé la vie; c'est un nouveau titre à mon amour... Oh, que ça me cuit !... Zon-Zon, je dois être reconnaissant, et... (*Il veut l'embrasser.*)

ZON-ZON.

A bas les pattes; hé !... (*Elle achève de le panser.*) Là, lève-toi.

ALBERT-CADET.

Zon-Zon, vous faites mon désespoir... Oh ! ça pique...

ZON-ZON.

Ça ne sera rien, ce n'est qu'une écorchure... Voyons, la soupe est-elle prête ?

ALBERT-CADET.

Elle doit l'être au moins, depuis hier au soir qu'elle bout là à petit bouillon... comme mon sang dans mes veines, en voyant vos appas.

ZON-ZON.

Les cuillers...

ALBERT-CADET.

Tout est là... Zon-Zon, vous me grillez à petit feu ; votre insensibilité me tuera.

ZON-ZON.

Je te plains...

ALBERT-CADET.

Je suis sûr que vous me préférez ce gamin de Victor, ce méchant tambour...

SCÈNE V.

Les Mêmes, VICTOR, ROBERT, MARIE, *puis* KÉBAR.
Plusieurs Soldats Français.

VICTOR.

De quoi, méchant tambour ?

ALBERT-CADET.

Un moutard ..

VICTOR.

Silence... Si le tambour est préféré, c'est qu'il a ce qu'il faut pour cela, c'est qu'il sait la manière de s'y prendre avec le sexe.

Air : *Rapataplan* (de *la Fille de Dominique*).

Le tambour, près des belles,
Est un séducteur ;
Il n'est pas de rebelles
Pour c' joli vainqueur.
Quoique petit d'taille,
Il tape aussi bien qu'un grand,
Comm' pour la bataille,
La charg' pour le sentiment.
Rapataplan, plan, plan, etc., etc.

Son humeur fort légère
Vole à tout objet ;
Chaqu' beauté sait lui plaire,
Un' fois qu'il lui plaît.

Comm' sa main qui s' lasse,
Va du rappel au roul'menf,
Ainsi son cœur passe
D' belle en bell', toujours battant :
Rapataplan, plan, plan, etc., etc.

Entends-tu cela, grand conscrit?

ALBERT-CADET.

Conscrit! moi! (*Ils se mesurent des yeux.*) Moi qui viens de mettre en déroute une armée de Marocains.....

ROBERT.

En effet, nous avons entendu des coups de feu. .

MARIE *à Albert-Cadet.*

Vous êtes blessé....

ZON-ZON.

Ce n'est rien.

ALBERT-CADET.

Ce n'est rien!... vous êtes sublime, Zon-Zon! Ce n'est rien... quand vous avez sauvé mes jours.

ZON-ZON.

C'est bon...'A la soupe, allons.

TOUS.

A la soupe!

(*Zon-Zon place la marmite au milieu du théâtre, ils s'asseyent à l'entour et mangent l'un après l'autre. Marie seule paraît triste et ne mange pas. Victor fait des niches à Albert-Cadet, saisit la cuiller qu'il porte à sa bouche et avale la soupe à sa place.*)

ROBERT.

Eh bien, Victor, ça remet du cœur au ventre.

ALBERT-CADET.

Je crois bien, il met les bouchées doubles. Zon-Zon, un peu de chou, hein?

ZON-ZON.

Tiens.

ALBERT-CADET, *la bouche pleine.*

Merci... Oh! Zon-Zon, que vous avez de belles qualités! Tenez, pendant que nous mangeons la soupe, je vais chanter aux camarades la chanson que j'ai composée cette nuit en votre honneur.

ZON-ZON.

Tu feras mieux de te taire... Crois-tu que tout le monde est disposé à entendre tes balivernes? tu vois bien que Marie a du chagrin. (*Kébar paraît dans le fond.*)

MARIE.

Mais au contraire, je demande qu'il chante... Mon père va mieux, et je n'ai plus de sujet de tristesse ni d'inquiétude.

ROBERT.

Ma pauvre Marie, tu ne nous dis pas tout.... Ce qui te tourmente, c'est l'absence prolongée d'Henri qui n'a pas paru depuis hier.

KÉBAR , *à part , sans être vu.*

C'est bien elle.... je ne m'étais pas trompé... Marie, tu ne m'échapperas pas ! (*Il se retire.*)

ROBERT.

Mais rassure-toi, il reviendra. Allons, pour nous égayer, pour nous faire oublier les désagrémens du bivouac, Albert, chante-nous ta chanson.

VICTOR.

Va , troubadour.

ALBERT-CADET.

Attention , vous autres ; il y a un refrain avec accompagnement de cuillers.

Air *des Rifla.*

Qui bûche sur l' Bédouin ,
A coups d'pied, à coups d'poing ,
Et comme un vieux dragon
Sait manier l'espadon ?
C'est notre Zon-Zon. (6 *fois.*)

TOUS.

C'est notre Zon-Zon. (6 *fois.*)

ALBERT-CADET.

Deuxième couplet : on bat la mesure sur la marmite.

Qui , malgré les frimas ,
Des blessés soutient l'pas ,
Et s'attèle au canon
Quand l'ch'min d'fer n'est pas bon ?
C'est notre Zon-Zon. (6 *fois.*)

TOUS.

C'est notre Zon-Zon. (6 *fois.*)

ALBERT-CADET.

Troisième couplet : on embrasse sa voisine , ceux qui en a.

Qui , pour le tourlourou ,
Fait d'la bonn' soupe au chou ,
Et pour un beau garçon
Y a caché z'un lardon ?
C'est notre Zon-Zon. (6 *fois.*)

(*Il plonge sa fourchette dans la marmite et en tire un lardon.*) Voilà le lardon !

TOUS.

C'est notre Zon-Zon. (6 *fois.*)

(*Albert-Cadet veut embrasser Zon-Zon, mais Victor l'a devancé et se
moque de lui.*)

SCÈNE VI.

LES MÊMES , HENRI.

VICTOR.

Voici M. Henri.

MARIE *sautant de joie.*

Henri !

HENRI.

Chère Marie !

ROBERT *souriant.*

Tu te fais bien désirer, mon pauvre Henri.... tu nous causes bien de la peine.....

HENRI.

Pardonnez-moi, chère Marie... On a fait cette nuit de grands préparatifs ; on va tenter une attaque décisive, et je n'ai pu quitter le camp.

ROBERT.

On va enfin donner l'assaut ! Je veux en être.

TOUS LES SOLDATS.

Et nous aussi ! (*Ils sortent pour s'armer.*)

VICTOR.

Je cours chercher ma caisse. (*Il sort.*)

MARIE.

Encore un danger à courir !

ZON-ZON.

Rassurez-vous, mam'selle... ce sera le dernier sans doute.

HENRI.

Toutes les mesures sont prises pour réussir cette fois.

MARIE.

Mais si tu succombes... si mon père...

ROBERT.

Allons, Marie, chasse ces idées noires... Avant la fin du jour, tu nous reverras vainqueurs. Zon-Zon, je te confie Marie, veille sur elle... Quelques partis de Kabyles errent dans ces bois... on en a vu cette nuit...

ALBERT-CADET.

Je crois bien.... ils ont manqué de me casser une jambe.

HENRI.

Oui, leur projet était de nous surprendre ; mais on les a devinés, et on a pris les précautions nécessaires pour déjouer leurs attaques.

ALBERT-CADET.

Au surplus, s'ils se présentent, ils auront affaire à nous... ; n'est-ce pas, Zon-Zon ?

ZON-ZON.

Oui, oui, tu es un brave !

ROBERT, *aux soldats.*

Enfans ! êtes-vous prêts ?

TOUS.

Oui, oui !

ROBERT.

Allons, à la grâce de Dieu !

CHŒUR.

AIR : *Allons, de la philosophie* (du *Hussard de Felsheim*).

O toi qui protèges la France,
Dieu tout-puissant, arbitre des combats !
Fais réussir notre vaillance,
Soutiens nos cœurs et dirige nos bras.

MARIE.

Seigneur ! toi que Marie adore
D'un cœur innocent et soumis !
Exauce un enfant qui t'implore
Pour son père et pour son pays !

TOUS.

O toi, etc., etc.

(Robert embrasse Marie, Henri lui presse la main ; ils sortent, recon-
duits par Zon-Zon et Marie, qui redescendent lentement la scène.)

SCÈNE VII.

ZON-ZON, MARIE, ALBERT-CADET.

ALBERT-CADET.

Nous voilà seuls, Zon-Zon, il faut que vous vous prononciez.

ZON-ZON.

Es-tu fou ? En ce moment, parler d'amour !

ALBERT-CADET.

Tous les momens sont bons... N'est-ce pas, Mlle Marie ?

MARIE.

Certainement... Je trouve, Zon-Zon, que tu es bien dure, bien
cruelle !

ZON-ZON.

Quand j'entends le canon, je ne suis guère d'humeur à écouter
des fadaises. Tenez, on commence à battre en brèche. *(On entend le*
canon dans le lointain.)

ALBERT-CADET.

Moi, c'est votre cœur, Zon-Zon, ce cœur inexpugnable que je
veux battre en brèche... Songez donc, Zon-Zon, que vous porterez
toujours la culotte.

ZON-ZON.

Eh bien ! pour en finir, écoute : je consens à te céder, à t'accorder ce que tu demandes, si tu fais aujourd'hui une action d'éclat.

ALBERT-CADET.

Ce n'est que cela ?... J'en ferai quarante, des actions d'éclat. Comment faut-il s'y prendre ?

ZON-ZON.

Vois M. Henri ; il n'a pas voulu obtenir la main de Marie avant de l'avoir méritée ; et c'est quand il se sera signalé à la prise de la ville, qu'alors, seulement, il se présentera.

MARIE.

Ces coups de canon me font trembler.

ALBERT-CADET.

Oh ! je sens que je m'anime... Zon-Zon, je serai digne de vous.

ZON-ZON.

Il n'y a pas de temps à perdre, cours...

ALBERT-CADET.

Dans la minute... mais, avant, je veux vous faire un cadeau.

ZON-ZON.

Un cadeau ?

ALBERT-CADET.

Oui, un cadeau ! Attendez-moi un instant, vous allez voir !... j'ai découvert hier... mais suffit... attendez-moi là ! *(Il sort en courant.)*

SCÈNE VIII.

MARIE, ZON-ZON, *puis* KÉBAR, KABYLES.

ZON-ZON.

Il me fait rire avec son cadeau.

KÉBAR, *arrivant sans bruit.*

Elles sont seules, avançons.

MARIE.

J'ai entendu du bruit... Ciel !... des Kabyles !

ZON-ZON.

Des Kabyles ?... *(Elle saisit un sabre.)*

KÉBAR.

La résistance est inutile, vous êtes nos prisonnières.

ZON-ZON.

C'est ce que nous allons voir.

MARIE.

Grand Dieu ! c'est Kébar !

KÉBAR.

Tu ne m'as pas oublié, Marie..... tant mieux ! car, désormais, tu m'appartiens, tu ne me quitteras plus. *(Aux Kabyles, montrant Zon-Zon.)* Emparez-vous de cette femme !

ZON-ZON.

N'approchez pas, ou je vous coupe la figure.
(*Des Kabyles veulent se jeter sur elle pendant que Kébar entraîne Marie,
qui se débat. Zon-Zon disperse les Kabyles et arrache Marie des
mains de Kébar. Celui-ci, furieux, court sur elle le sabre levé; elle
pare le coup et exécute avec lui un combat au sabre. Pendant ce
temps, les Kabyles ont saisi Marie et reviennent au secours de Kébar.
Zon-Zon ne pouvant résister au nombre, est emmenée par les Kabyles,
qui remettent Marie à Kébar. Ils disparaissent.*)

SCÈNE IX.

ALBERT-CADET, *rentrant avec un lionceau dans ses bras.*

Tenez, ma Zon-Zon, j'espère que vous serez contente?... Où'est-
elle donc? Elles se sont cachées, j'en suis sûr, pour me faire une ni-
che. (*Il appelle.*) Zon-Zon! Mlle Marie! Elles ne répondront pas!....
qu'c'est bête de me faire aller comme çà! (*Il pose son lionceau à terre.*)
C'est égal, il est gentil!... Par ici, jeune lion, pst! pst!... (*Il le fait
marcher.*) C'est çà un cadeau rare!... Eh bien! dans ce pays-ci, çà
pousse comme des pommes de terre. C'est tout d'même une idée lu-
mineuse que j'ai eue là, d'aller chercher cet intéressant animal; et
si je peux décider Zon-Zon à l'accepter, en acceptant ma main, je
n'aurai, je crois, qu'à m'en féliciter.

Air *de Partie Carrée.*

Cet animal est d'un bon caractère ;
Facilement Zon-Zon l'élèvera ;
Et quand un' fois j'serai l'époux d'la p'tit' mère.
Sur certain cas il me rassurera.
Je n'craindrai pas qu'ell' fasse de conquête,
Ce monsieur-là me répond de sa foi ;
Car, chaque jour, en regardant c'te bête,
Ell' n'peut penser qu'à moi.

J'entends du bruit dans le feuillage..... Je suis sûr que c'est elle
qui s'est cachée là. (*Il se dirige vers un buisson.*) Mais venez donc,
Zon-Zon, venez donc!... (*Il entr'ouvre le feuillage, une lionne en sort.*)
Ah! mon Dieu! qu'est-ce que c'est que ça? (*Il se sauve et parcourt le
théâtre poursuivi par la lionne; enfin il lui jette son petit et grimpe au
haut d'un arbre; la lionne disparaît dans la forêt.*)

SCÈNE X.

ALBERT-CADET, *sur l'arbre;* HENRI, ROBERT, *puis* KÉBAR.
(*Des soldats rapportent Robert grièvement blessé.*)

HENRI, *aux soldats.*

Placez-le ici... Courez... cherchez un officier de santé.

ROBERT.

Il viendra trop tard !

ALBERT-CADET.

Qu'est-ce que c'est que ça à présent?

HENRI.

Ne vous tourmentez pas, père Robert ; cette blessure...

ROBERT.

Est mortelle, je le sens..... Mais ma fille! que je revoie ma fille avant de mourir.

ALBERT-CADET, *descendant de l'arbre.*

C'est M. Henri!... Ah! mon Dieu! le père Robert... il est blessé!

HENRI.

Silence!... Où est Marie? où est Zon-Zon?

ALBERT-CADET.

V'là un quart-d'heure que je les cherche, que je les appelle.

HENRI.

Qu'en as-tu fait, malheureux? Qu'as-tu fait de Marie ?...

KÉBAR, *dans le fond, près de la grille du souterrain.*

Marie... Elle est à moi, Henri... Elle est à Kébar... Et c'est dans Constantine maintenant que tu la retrouveras avec sa courageuse gardienne. Viens les y prendre, si tu le peux, ou si tu l'oses. (*Il rentre avec Marie dans le souterrain.*)

ROBERT.

Qu'ai-je entendu?..

HENRI.

Le misérable!... Cours, Albert, et ne reviens pas sans l'avoir atteint.

ALBERT-CADET.

Deux hommes de bonne volonté, et je vous rapporte sa tête. (*Il court vers le fond suivi de deux Français.*)

SCÈNE XI.

LES MÊMES, VICTOR.

VICTOR, *accourant.*

Ah, vous voilà...

HENRI.

Qu'y a-t-il ? Que viens-tu nous apprendre ?

VICTOR.

Un grand malheur.... Le commandant en chef de l'armée d'Afrique...

HENRI.

Le général DAMRÉMONT....

VICTOR.

Vient d'être tué par un boulet, en examinant la brèche.

ROBERT, *se levant.*

Le général en chef est mort...

HENRI , *avec douleur.*

AIR *de la Sentinelle.*

Mort au combat , par le bronze emporté !
Un tel trépas aux grands cœurs doit sourire.
Songez , soldats, songez avec fierté
Qu'ainsi tombaient les héros de l'Empire.
Quand DAMRÉMONT trouve un trépas si beau ,
France , il soutient ta vieille renommée !
  L'armée où le chef, à l'assaut,
  Périt comme Montébello ,
  Ah ! c'est encor la Grande Armée !

VICTOR.

Il est mort près du duc de NEMOURS. Le général VALÉE a été , à l'instant même, investi du commandement.

ROBERT.

Mon vieux général VALÉE !..... J'étais en Espagne avec lui il y a vingt ans... Je veux marcher avec lui.

VICTOR.

Il a ordonné que l'assaut fût repris sur l'heure.

ROBERT, *aux soldats.*

Courez, enfans, ne perdez pas de temps..... Je tâcherai de vous suivre... Henri, venge ton général, venge ton pauvre vieux Robert, s'il succombe... Sauve ma fille, Henri, sauve ta fiancée ....

HENRI.

Aux armes !... (*On entend le canon.*)

VICTOR.

Un coup de canon... l'assaut recommence.

HENRI , *aux soldats.*

A vos rangs !

AIR : *A soixante ans on ne doit plus remettre.*

Partons, soldats ! le bronze au loin résonne ;
Il nous appelle à de nouveaux hasards ;
Et dans les airs sa grande voix qui tonne
Nous crie : Enfans ! prenez vos étendards ,
Et du Kabyle abattez les remparts.
Brisons ces murs , impuissantes entraves.
Accomplissons nos destins glorieux :
Là-bas , la France ouvre sur nous les yeux.
Courons venger ceux qui sont morts en braves ,
Et , s'il le faut , sachons mourir comme eux.

ALBERT-CADET, *dans le fond, près de la grille.*

Père Robert ! père Robert ! j'ai trouvé le nid du Marocain..... venez ! venez !

HENRI.

Et nous, à l'assaut ! vengeance et guerre à mort !

TOUS.

Vengeance !

(Henri s'élance à la tête des soldats, qui brandissent leurs fusils et leurs sabres.)

(Dans le fond, Robert, qui a la tête enveloppée d'un mouchoir, rejoint Albert-Cadet et les deux soldats, qui enfoncent à coups de crosses la grille du souterrain.)

ACTE DEUXIÈME.

L'intérieur de Constantine. Au fond, un rempart crénelé : à droite une vieille tourelle fortifiée. A gauche, une poterne fermée d'une grille. Au lever du rideau, Kébar dispose les sentinelles au fond du théâtre.

SCÈNE PREMIÈRE.

BEN-OUSSA, KÉBAR.

BEN-OUSSA.

Les, Français ont recommencé l'attaque vers le nord : il paraît que la mort de leur général ne les a pas abattus,

KÉBAR.

Au contraire, elle semble les avoir animés. Mais cette attaque vers le nord est une ruse, et n'a été tentée que pour faire diversion. C'est par ici, c'est sur ce point qu'ils vont donner un assaut désespéré. Tenez, ça commence.

BEN-OUSSA.

Eh bien! nous leur répondrons par une défense désespérée. Tout est prêt, n'est-ce pas? Ce rempart est miné, la mine est chargée?

KÉBAR.

Oui.

BEN-OUSSA.

J'ai engagé les habitans à défendre leur ville pied à pied, et mes dix mille Kabyles sauront les seconder et les soutenir.

KÉBAR.

Si vous m'en croyez, Ben-Oussa, avant d'user de la force, nous emploierons la ruse.

BEN-OUSSA.

Que veux-tu dire ?

KÉBAR.

Tâchons de prévenir et d'empêcher leur attaque, qui peut nous être fatale.

BEN-OUSSA.

Par quel moyen ?

KÉBAR.

Envoyez un parlementaire ; demandez un sursis, parlez vaguement de traité, d'arrangement. Demandez le temps d'aller vous entendre avec le Bey, avec Achmet, qui s'est retiré dans les montagnes. De cette manière, le siège traînera en longueur ; et dans quelques jours, la saison des pluies et des frimas, qui déjà se fait sentir, viendra détruire cette armée en désarroi, et privée de son chef.

BEN-OUSSA.

Excellente idée, que j'approuve, et que je veux mettre sur-le-champ à exécution. Tu vas te rendre au camp des Français; tu connais à fond leur langue et leurs usages; tu joueras, on ne peut mieux, le rôle de parlementaire. Acceptes-tu?

KÉBAR.

Oui, certes; je serais heureux que l'expédient que j'ai imaginé réussît, et je vais tout faire pour cela.

BEN-OUSSA.

Pars donc, et reviens à l'instant. Moi, pendant ce temps, en interrogeant cette vivandière que tu as prise et amenée ici ce matin, je tâcherai de connaître la disposition des esprits dans l'armée, et si la corruption y est facile. (*Il fait signe à un Kabyle, qui entre dans la tour, et amène Zon-Zon. A Kébar :*) Hâte-toi! et qu'Allah te soit en aide. (*Kébar sort.*)

SCÈNE II.

BEN-OUSSA, ZON-ZON, *les mains attachées.*

BEN-OUSSA.

Approche, et réponds-moi.

ZON-ZON.

Avant tout, ordonne qu'on me délie les mains. C'est votre habitude à vous d'enchaîner les femmes comme des esclaves : chez nous ce n'est pas l'usage; le sexe est plus libre.

BEN-OUSSA.

Je sais que tu es brave, que tu as du courage; je veux te traiter dignement. Qu'on fasse tomber ses liens. (*Un Kabyle lui délie les mains.*)

ZON-ZON.

Merci... Maintenant que me veux-tu?

BEN-OUSSA.

Écoute. Les Français essaient en vain de le dissimuler, leur armée est démoralisée.....

ZON-ZON.

Démoralisée! depuis quand?

BEN-OUSSA.

Le découragement s'est glissé dans ses rangs..... Depuis six jours qu'ils sont devant la place, assaillis par les frimas et les orages, ils regrettent, j'en suis sûr, d'avoir entrepris cette seconde campagne, qui, bientôt peut-être, va se terminer comme la première. Tu te souviens de la retraite de l'année dernière, quand vous fuyiez en désordre devant nos Arabes triomphans.

ZON-ZON *avec mépris.*

Vos Arabes triomphans !

AIR : *Quand la fortune, avare de ses dons.*

Oses-tu bien parler de ce revers,
Et d'nos soldats rappeler la souffrance !
Quand ils ont fui, vaincus par les hivers,
Ils n'étaient pas vaincus par ta vaillance.
Tes vils Bédouins les suivaient en hurlant ;
Mais, pour sauver son drapeau tricolore,
Formant l'carré, le Français chancelant
Vous mitraillait, et, même en reculant,
Il vous faisait trembler encore.

J'y étais, je l'ai vu, et grace à l'intrépide CHAMPGARNIER....

BEN-OUSSA.

C'est vrai, alors l'armée avait ses chefs..... Mais aujourd'hui elle n'en a plus.

ZON-ZON.

Plus de chef?

BEN-OUSSA.

Prisonnière depuis ce matin, tu ignores le désastre qui vient d'affliger l'armée française : le lieutenant-général DAMRÉMONT a été tué par nos boulets.....

ZON-ZON.

C'est une grande perte pour l'armée ; mais un autre sans doute l'a déjà remplacé, et vous n'y perdrez rien... je te l'assure. L'armée est pleine de vaillans généraux... D'ailleurs, pour battre des Bédouins...

BEN-OUSSA.

Pas de fanfaronnades... Les Bédouins ne se laissent pas battre aussi facilement que tu veux bien le dire ; ils vous l'ont prouvé depuis six jours.

ZON-ZON.

Oui, derrière des murailles.

BEN-OUSSA.

Mais ce n'est pas de cela qu'il s'agit. Tu n'es pas heureuse, tu n'as d'autre ressource pour subsister que de suivre les camps qui te nourrissent... Je puis changer ta position, je puis te rendre heureuse et riche...

ZON-ZON.

Que veut-il dire?....

BEN-OUSSA.

Écoute-moi... Je sais de bonne part que les vivres de l'armée sont épuisés, et que les soldats vont être réduits aux plus dures privations. Il doit y avoir quelques mécontens déjà ; va les trouver, offre-leur de l'or, beaucoup d'or, s'ils veulent te suivre et venir dans nos rangs...

ZON-ZON.

Ah ! n'achève pas , c'est une trahison que tu me demandes...

BEN-OUSSA.

Oui, c'est une trahison... mais songe-s-y bien : il faut accepter ou mourir ; tu as le choix.

ZON-ZON.

Air *des Trois Couleurs.*

Je t'ai compris !... L'infâme ici marchande
  Ma conscience et mes sermens ;
O ma patrie ! il veut que je lui vende ,
Pour des flots d'or, les jours de tes enfans !
« Choisis , » dit-il , et sa hache s'apprête ,
  « Du déshonneur ou du trépas. »
Mon choix est fait : bourreau , voici ma tête ;
Tu me tueras ! (*bis*) mais tu n'm'achèt'ras pas.

BEN-OUSSA.

Tu as tort... aussi bien , qu'il n'en soit plus question... je vois revenir le parlementaire que j'ai envoyé au camp demander une suspension d'armes : il rapporte sans doute le traité.

ZON-ZON.

Un traité ! c'est impossible... il est trop tard...

SCÈNE III.

LES MÊMES, KÉBAR.

KÉBAR.

C'est précisément ce qu'on m'a répondu.

BEN-OUSSA.

Comment !

ZON-ZON.

Tu croyais ainsi te jouer de la France... La France a fait les frais de la guerre, il faut que tu les paies , et tu les paieras...

KÉBAR.

Le général VALÉE qui commande maintenant, loin de vouloir accorder même un délai, a ordonné que l'assaut continuât, et avec vigueur : le fils du roi, le duc de NEMOURS , va diriger l'attaque.

ZON-ZON.

Le général VALÉE , le duc de NEMOURS.... Tenez-vous bien, Bédouins , vous aurez fort à faire : nos soldats feront des prodiges.

Air *du Vaudeville du Charlatanisme.*

Jeunes et vieux , ayant chacun
Leur digne chef qui les contemple ,
Voudront , par un effort commun ,
Se distinguer à son exemple.

> Bientôt, grace à ces deux grands noms,
> Grace à nos soldats intrépides,
> Vous tomberez, et je réponds
> Que l'on verra figurer vos canons,
> Avant un mois, aux Invalides.

BEN-OUSSA.

La guerre donc, puisque c'est la guerre qu'ils veulent.

ZON-ZON.

Oui, la guerre! (*Elle veut saisir une arme.*)

BEN-OUSSA.

Un moment, un moment... ta franchise mérite une récompense... (*La fusillade commence au fond du théâtre, un pan de muraille s'écroule.*) et je vois que tu ne tarderas pas à la recevoir. Qu'on attache cette femme aux créneaux de ce rempart, et qu'elle soit la première victime que les balles des Français viennent frapper.

KÉBAR.

Allons!..... (*Il l'entraîne et l'attache au rempart.*)

ZON-ZON *se débattant.*

Ah! traîtres!

BEN-OUSSA.

Nous, songeons à notre défense. (*Ils sortent.*)

SCÈNE IV.

ZON-ZON, *attachée.* KABYLES, *au fond.*

On attaque sur tous les points.... et pas moyen de briser ces liens... Ah! mon Dieu! Un colonel... je le reconnais... c'est le colonel COMBES; il est tué... Non... non... il se relève... il court vers le prince... il lui parle... Ciel!.. Il retombe... il est mort... Vengez-le... Vengez-le... Courage, amis... Ah! J'aperçois Victor... Par ici, par ici..., camarades... Cet endroit est à peine défendu... (*On voit quelques Français montrer leur tête; ils sont repoussés par les Arabes à coups de crosse.*) Cherchez du renfort... Ah! Henri s'avance pour vous soutenir.. il accourt avec ses braves... Montez, montez tous ensemble... Bien, bien... Encore un pas... (*Victor paraît battant la charge; il est suivi de Henri et de plusieurs Français.*) Victoire!

SCÈNE V.

LES MÊMES, KÉBAR, *une torche à la main.*

KÉBAR, *à* ZON-ZON.

Pas encore. C'est toi qui les perds, imprudente!... Ce rempart est miné... La mort est sous leurs pas... (*Il met le feu à la mine et s'enfuit.*)

ZON-ZON, *aux Français.*

Ah ! arrêtez, arrêtez... (*La mine éclate ; plusieurs Français tombent sous les décombres... Henri s'élance, arbore sur le rempart le drapeau tricolore, et court détacher Zon-Zon.*)

SCÈNE VI.

ZON-ZON, VICTOR, ROBERT, HENRI, Français.

VICTOR.

Plus de peur que de mal... N'est-ce pas, lieutenant?

HENRI.

Brave Zon-Zon... ils ne t'ont pas sacrifiée ! Et Marie ?... où est Marie?...

ZON-ZON.

Je l'ignore. Ils nous ont séparées en nous amenant... Kébar seul...

HENRI.

Amis, les instans sont précieux... Poursuivons l'ennemi...

ZON-ZON, *saisissant un sabre.*

Je vous accompagne... C'est Kébar, le perfide Kébar surtout, que je veux atteindre... Avançons... L'ennemi s'est barricadé... Il faudra prendre d'assaut chaque rue, chaque maison de la ville... Mais nous en viendrons à bout...

HENRI.

Marchons ! (*Ils sortent en courant.*)

SCÈNE VII.

KÉBAR, *puis* OSMIN.

KÉBAR, *frappant à la porte de la tourelle.*

Osmin..... Osmin, c'est moi....

OSMIN.

Me voici.....

KÉBAR.

Prends avec toi cette jeune fille que je t'ai confiée : emmène-la par cette poterne, sortez de la ville, et gagnez au plus vite les forêts et le désert.

OSMIN.

Oui, seigneur...

KÉBAR.

Va... (*Il se retire.*)

SCÈNE VIII.

OSMIN, MARIE.

OSMIN.

Allons, venez...

MARIE.

Où me conduisez-vous?

OSMIN.

Vous le saurez.....

MARIE, *se débattant.*

Je ne vous suivrai pas.

OSMIN.

Qu'est-ce à dire?

MARIE,

Non.

OSMIN.

Ah! ah! nous allons voir ça. (*Elle se débat et le fait chanceler, il appelle un Kabyle à son aide.*) A moi, vous autres. (*Le soldat vient et saisit Marie.*) Bien... par ici... ah! vous vous révoltez, ma houri... sortons... sortons... (*Au moment où ils vont entrer dans la poterne, Albert-Cadet en sort avec deux Français.*)

SCÈNE IX.

LES MÊMES, ALBERT-CADET, DEUX FRANÇAIS.

ALBERT-CADET.

Halte-là! où alliez-vous donc comme ça, Marocains?... Tiens, c'est Mlle Marie. O Providence, voilà bien de tes coups!

MARIE.

Albert...'sauvez-moi...

ALBERT-CADET.

Attendez, ça ne sera pas long... Camarades, en avant sur le Bédouin, et bûchons héroïquement... Houp! houp! (*Ils courent sur Osmin et le Kabyle qu'ils dispersent.*) Là... pauvre Mlle Marie..... Ah çà, c'est pas le tout... ces enragés peuvent revenir... entrez dans cette poterne... vous y serez plus en sûreté qu'ailleurs... et puis il y a là dedans quelqu'un qui ne sera pas fâché de vous revoir....

MARIE.

Que dites-vous?

SCÈNE X.

LES MÊMES, ROBERT *sortant de la poterne*

ROBERT.

Marie! ma fille!

MARIE.

Mon père!

ALBERT-CADET.

C'est attendrissant... Mais Zon-Zon... je ne vois pas ma Zon-Zon...

ils l'ont tuée sans doute... ils ne risquent rien... Je cours au sérail ,
et j'empoigne une douzaine d'odalisques ; je veux confisquer, pour
me consoler, un demi-quarteron de sultanes-favorites. Je veux faire
une action d'éclat. (*Il sort.*)

SCÈNE XI.

ROBERT, MARIE, *puis* KÉBAR.

MARIE.

Mon père, une nouvelle blessure...

ROBERT.

J'ai bien cru que c'était la dernière, mais ça va mieux.....

MARIE.

Retirons-nous... je tremble...

ROBERT.

Oui... je voudrais te mettre en sûreté...

MARIE.

Dans ce souterrain.....

KÉBAR, *accourant.*

Il est trop tard, Robert...

ROBERT *se retournant.*

Ah ! c'est toi, lâche renégat.. n'approche pas...(*Il lui tire un
coup de pistolet et le manque. Kébar se jette sur lui, le renverse et saisit
Marie ; Robert se cramponne après lui, et retient sa marche.*)

SCÈNE XII.

LES MÊMES, ZON-ZON, *puis* MOUKTAR.

ZON-ZON.

Kébar ! ah ! je te retrouve enfin..... (*Elle se précipite sur Kébar, le
tue, et débarrasse ainsi Marie et Robert, qui se retirent dans le souterrain.*)

KÉBAR, *tombant.*

Je meurs ! ô rage ! et de la main d'une femme , et sans avoir
possédé Marie !.... (*Il expire.*)
(*Mouktar accourt un étendard à la main et suivi de quelques Kabyles.*)

ZON-ZON.

Tu viens venger ton chef : prie ton prophète de te mieux servir...
(*Elle lutte contre le Kabyle, et finit par lui enlever son étendard : elle
court au souterrain et y entre.*)

SCÈNE XIII.

BEN-OUSSA, KABYLES.

BEN-OUSSA.

Amis, les Français sont maîtres d'une partie de la ville, mais l'autre partie résiste encore... Établissons-nous dans cette tourelle ; les munitions ne nous y manqueront pas... du haut de ses créneaux, nous pourrons foudroyer les bataillons français, et nous défendre long-temps encore... (*Ils entrent dans la tourelle.*)

SCÈNE XIV.

HENRI, *à la tête de quelques Français, puis* ZON-ZON.

HENRI.

C'est là qu'ils se sont réfugiés ! Soldats, attaquons leurs derniers retranchemens... (*Les Kabyles tirent des fenêtres de la tourelle sur les Français, qui ripostent et essaient d'enfoncer la porte.*)

ZON-ZON.

A l'assaut! Camarades, prenons-les d'assaut! (*Elle saisit une échelle et monte jusqu'à une croisée aux barreaux de laquelle elle se cramponne : elle frappe à coups de hache sur les barreaux, qui cèdent et se brisent : elle entre par la croisée : pendant ce temps, les Français ont enfoncé la porte et s'y précipitent. Zon-Zon en sort tenant Ben-Oussa prisonnier.*)

ZON-ZON.

Ils ont capitulé. (*Elle remet Ben-Oussa aux soldats, qui l'entraînent, et elle court au souterrain.*) Robert, accourez, accourez : il n'y a plus de danger pour votre fille... Marie, embrassez votre époux.

SCÈNE XV.

LES MÊMES, VICTOR, *accourant.*

VICTOR.

Victoire! victoire! la ville est entièrement prise! J'ai assisté à la dernière attaque... ça a été rude.....

AIR du *Malade par circonstance.*

A travers les fusillades,
Brûlés et couverts de sang,
Nous brisons les barricades.
Et nous marchons en avant.
Il faut forcer chaque rue,
Assiéger chaque maison ;
Nul ne cède, il faut qu'on tue,
Et la mort pleut à foison.

Las de tant de résistance ,
Nos Français, pleins de fureurs,
Immolent à leur vengeance
Femme , enfant , vieillard en plu
Mais voyant cette tuerie
Des habitans éperdus,
Nemours les plaint et nous crie :
« Mes amis, grace aux vaincus ! »
Nemours, malgré leur offense ,
Sauvant ce peuple aux abois ,
Leur apprend que la clémence
Est la vertu de nos rois.
Ceux qui toujours se défendent ,
Tombant enfin sous nos coups ,
Se prosternent et se rendent :
Et Constantine est à nous.
O France , ô ma noble mère ,
Tes ennemis sont battus ;
A ta couronne guerrière
Attache un laurier de plus.

L'état-major est établi dans le palais d'Achmet. On a pris le sérail...

SCÈNE XVI.

Les Mêmes, ALBERT-CADET , OSMIN , *en odalisque.*

ALBERT-CADET, *montrant Osmin.*

Et en voilà la preuve. Y en avait-il de ces moricots et de ces mo-
ricotes : je n'ai pu en avoir qu'une ; mais, à travers la fumée de la
poudre , elle ne m'a pas paru trop mal. Otez votre voile , belle odalisque... (*Il lui arrache son voile.*) Que vois-je ?

ZON-ZON.

Imbécile, c'est le vieil eunuque qu'on avait commis à ma garde...

ALBERT-CADET.

Je suis floué... mais Zon-Zon me reste : Zon-Zon, j'ai fait une action d'éclat... J'ai pris... nous avons pris Constantine.

HENRI.

Mes amis , soyons fiers de notre victoire : la prise de Constantine
est un des plus beaux faits d'armes de la France. Pourquoi faut-il
qu'il nous ait coûté si cher !

Air *de la Vieille.*

Amis , sous ces murs en ruine ,
Plus d'un brave , hélas ! est resté.
Mais notre gloire enfin domine ,
Et leur nom long-temps redouté,

Avec le nom de Constantine ,
A conquis l'immortalité :
Aux braves l'immortalité !
Vous , Africains , dont la folle jactance
Impunément croyait braver la France ,
Reconnaissez enfin votre démence ,
Et dans ce jour adorant sa puissance ,
Courbez le front devant ces trois couleurs :
C'est le drapeau de vos vainqueurs.

(Tous les soldats portent les armes : l'un d'eux présente le drapeau tricolore; les Kabyles s'inclinent. TABLEAU.*)*

FIN.

Imprimerie de BEAULÉ et JUBIN, rue du Monceau Saint-Gervais, N° 8.

9 782329 285108